풀이로 읽고 쓰는

般若經
반　야　경
心
심

머리말

이 책은 불교도뿐만 아니라 불교와 기타 종교에 관심을 갖는 대중과 학생들을 위하여 엮은 반야심경 해설서이다.

반야심경은 세상의 모든 것은 空(공)이며, 인간이 번뇌와 고통에서 벗어나 깨달음을 얻기 위해 읽고 외어야 할 경문을 담고 있다.

불교의 근본 사상인 空(공)은 누구나 다 아는 말 같으면서도 아무도 정확히 모르는 어려운 말이다. 이 공을 다양한 각도에서 표현하고 있는 것이 불교이다.

반야심경은 이 공을 色卽是空, 空卽是色(색즉시공 공즉시색)(색은 공과 다르지 아니하며, 공은 색과 다르지 않다.)이라는 두 각도에서 나타내고 있다. 여기서 색즉시공은 공이 갖는 부정적인 면을 나타내고, 공즉시색은 공이 갖는 긍정적인 면을 나타낸다. 따라서 공에는 부정과 긍정, 無(무)와 有(유)라는 두 요소가 변증

법적으로 복잡하게 통일·종합되어 있다. 이것은 우리가 공을 이해하기 위해 알아 두어야 할 사실이다.

공을 이해하기 위해 중요한 다른 한 가지는 因緣에 대한 이해이다. 반야심경의 경구 속에는 인연에 대한 언급이 없지만, 인연을 이해하지 않고서는 공을 이해할 수 없다. 공과 인연은 표리일체의 관계에 있다.

인연을 이해하지 못하면 모든 혼돈과 번뇌에서 벗어날 수가 없다. 인연의 진리를 모르는 것이 번뇌이고, 인연의 도리를 분명하게 하는 것이 깨달음이다.

인생의 길목에서 가장 중요한 것은 공에 대한 인식과 실천이다. 이 진리는 신체뿐만이 아니라 心에 관한 모든 현상에도 통하는 진리이다. 일체 사물과 현상을 생성하는 공의 진리는 영원하고, 불생불멸하며, 상대적 인식을 초월한다.

깨달음은 깊고 깊은 관찰의 지혜에 의해 얻어지므로 거기엔 집착됨이 없고 공포도 없다. 공의 진리를 알고 반야심경을 열심히 읽고 욈으로써 일체의 그릇된 인식을 해소하고 심신의 안녕을 구하도록 하자.

차례

제1장

般若心經
반 야 심 경

원문과
해설

摩訶般若波羅蜜多心經

마 하 반 야 바 라 밀 다 심 경

觀自在菩薩 行深般若波羅蜜多時 照見五蘊皆空 度一切苦厄
관 자 재 보 살 　 행 심 반 야 바 라 밀 다 시 　 조 견 오 온 개 공 　 도 일 체 고 액

성스러운 관자재보살이 심오한 반야바라밀다(지혜의
완성)를 실천할 때 五蘊(물질, 감각, 인식, 의지, 마음)이 모
　　　　　　　　오 온
두 空이라는 것을 알고, 일체의 괴로움에서 벗어나도록
　 공
濟度(중생을 고해에서 극락으로 이끌어 줌)하셨다.
제 도

舍利子 色不異空 空不異色 色卽是空 空卽是色 受想行識
사 리 자 　 색 불 이 공 　 공 불 이 색 　 색 즉 시 공 　 공 즉 시 색 　 수 상 행 식
亦復如是
역 부 여 시

사리자여! 色, 즉 형체는 空과 다르지 아니하며, 공은
　　　　　색　　　　　　　공
색과 다르지 아니하다. 색은 곧 공이며, 공은 곧 색이
다. 受想行識(감수 작용, 표상 작용, 의지 작용, 인식 작용)
　 수 상 행 식
또한 공과 다르지 아니하다.

舍利子 是諸法空相 不生不滅 不垢不淨 不增不減
사 리 자 시 제 법 공 상 불 생 불 멸 불 구 부 정 부 증 불 감

　사리자여! 이 모든 事象은 空임이 특질이며, 생하지
사 상　　　 공
도 않고 멸하지도 않으며, 더러워지지도 않고 깨끗해지
지도 않으며, 증가하지도 않고 줄어들지도 않는다.

是故 空中無色 無受想行識 無眼耳鼻舌身意 無色聲香味觸法
시 고 공 중 무 색 무 수 상 행 식 무 안 이 비 설 신 의 무 색 성 향 미 촉 법
無眼界 乃至無意識界
무 안 계 내 지 무 의 식 계

　그러므로 공에는 색, 즉 물체도 없고, 감수 작용도 없
으며, 생각이나 의식의 진행, 식별 작용도 없다. 공의
세계에서는 눈도 없고 귀도 없으며, 코도 없고 혀도 없
으며, 몸도 의지도 없다. 그리고 색, 소리, 향기, 미각,
촉감, 법도도 없고, 眼界도 없으며, 意識界도 없다.
안 계　　　　　　　 의 식 계

無無明　亦無無明盡　乃至無老死　亦無老死盡　無苦集滅道
무 무 명　역 무 무 명 진　내 지 무 노 사　역 무 노 사 진　무 고 집 멸 도
無智亦無得 以無所得故
무 지 역 무 득 이 무 소 득 고

　　無明도 없고, 무명이 다하여 없어지는 일도 없다. 老
死도 없고, 노사가 다하여 없어지는 일도 없다. 苦(괴로
움), 集(원인), 滅(열반), 道(길)도 없다.
　　智(지혜)도 없고, 得(열반으로의 도달)도 없다. 깨달아
얻어지는 것이 없기 때문이다.

菩提薩埵　依般若波羅密多故　心無罣碍　無罣碍故　無有恐怖
보 리 살 타　의 반 야 바 라 밀 다 고　심 무 가 애　무 가 애 고　무 유 공 포
遠離顚倒夢想 究竟涅槃
원 리 전 도 몽 상 구 경 열 반

　　보살은 반야바라밀에 의지하여 마음에 걸림이 없다.
걸림이 없기 때문에 공포가 없어지고 일체가 전도된 몽
상을 멀리 보내어 열반(도를 이룬 해탈의 경지)에 들게
된다.

三世諸佛　依般若波羅密多故　得阿耨多羅三藐三菩提
삼 세 제 불　의 반 야 바 라 밀 다 고　득 아 뇩 다 라 삼 먁 삼 보 리

　　三世(과거, 현재, 미래)의 모든 부처도 반야바라밀에
삼 세

의지하여 더 없는 바른 깨달음을 얻게 된다.

故知 般若波羅密多 是大神呪 是大明呪 是無上呪 是無等
고지　반야바라밀다　시대신주　시대명주　시무상주　시무등
等呪 能除一切苦 眞實不虛
등주　능제일체고　진실불허

　　그러므로 알아야 한다. 반야바라밀다는 大神呪(위대
하고 참된 주문)이고, 大明呪(밝은 주문)이며, 無上呪(더
이상 없는 주문)이고, 無等等呪(비할 바 없는 주문)이다.
모든 괴로움을 제거하며 모든 소원을 성취하는 힘을 가
진 주문으로서 진실하고 헛된 것이 아니다.

故說 般若波羅密多呪 卽說呪曰
고설　반야바라밀다주　즉설주왈
羯諦羯諦 波羅羯諦 波羅僧羯諦 菩提娑婆訶
아제아제　바라아제　바라승아제　모지사바하

　　이에 반야바라밀다의 주문(진언)을 說하니, 즉 주문은
이러하다.
　　가야 한다. 가야 한다. 彼岸(열반에 달하는 심경)으로
가야 한다. 피안으로 완전히 가야 한다. 깨달음에 행복
이 있기를!

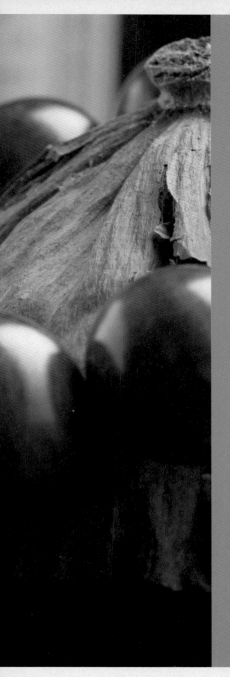

제 2 장

題名이
제 명

나타내는
깊은 뜻

― 진실 · 지혜의 경

摩訶般若波羅蜜多心經

마 하 반 야 바 라 밀 다 심 경

마하반야바라밀다심경은 반야심경 또는 심경으로 약칭하지만 부처님이 직접 설법한 것이 아니고 부처님 入寂(B.C. 383) 후 수백 년이 지난 시점에서 편찬된 것이라고 전해지고 있다.

여러 가지 번역 심경 중 대표적인 것은 요진의 구마라집 스님이 번역한 것과 서기 649년 당나라 玄奘三藏 스님에 의해 원전인 범어(산스크리트어) 사본을 번역한 반야심경이다.

현장삼장

중국 당나라 때의 스님. 서기 600년 낙양에서 태어나 664년에 입적, 29세 때 장안을 출발하여 아프가니스탄을 거쳐 인도에 입국, 나란다 사원에서 학습하였고, 645년에 梵本 657부를 가지고 장안에 돌아왔다. 귀국 후 제자들과 불전을 漢譯하기 시작하여 대반야경 100권을 비롯한 많은 한역 불전을 후세에 남겼다.

현장 스님의 인도까지의 발자취는 원·송나라 때 희극화되었고, 소설 西遊記는 지금까지도 대중에게 친숙하게 전해 내려오고 있다.

반야심경 사본에는 大本과 小本이 있는데, 대본에는 부처님과 관음보살, 그리고 사리자 등 동행한 일행들의 상황을 기술하고, 명상한 장소 등이 기술되어 있지만 기타 부분은 대본과 소본이 거의 같은 내용으로 구성되어 있다.

반야심경은 大乘佛敎에서의 空에 대한 통일된 견해를 목
대 승 불 교   공
표로 한 하나의 敎典(종교의 근거가 되는 법전)이다. 반야심경
교 전
의 주장은 부처님이 설법한 불교만이 바르며, 부처님 입적
후에 산발적으로 나타난 설법은 바른 것이 아니고 반야심경
만이 부처님의 진실된 가르침이라는 것이다.

대승불교

대승의 교리만을 기본 이념으로 하는 교파를 총칭한다. 화엄
종, 천태종, 진언종, 삼론종, 법상종, 율종, 선종 등이 이에 속
한다. 대승은 "많은 대중을 구제하여 태우는 큰 수레"라는 뜻으
로 일체 중생의 제도를 목적으로 하고 있다.

대승불교는 종래 승려만의 종교였던 불교를 널리 민중에게까
지 보급하려는 불교계의 진보적인 사람들로부터 시작되었다.
이러한 새로운 경향을 시도한 사람들은 자신들을 당시의 불교
계와는 다르다는 의미로 기존의 불교계를 작게 본다는 의미에
서 소승이라고 폄하하였다.

대승불교는 한나라 때 중국으로 건너가 몽고, 티베트, 한국,
일본 등의 북방불교의 주류가 되었다. 우리나라에는 고구려 문
자왕 때 그 교법이 들어와 독자적인 노력으로 발전하게 되었다.

摩訶
마 하

    마하반야바라밀다심경이라는 제명에서 마하는 '크다', '위대하다'를 뜻한다. 이 마하는 구마라집 스님의 경전의 제목에는 붙어 있지만 현장 스님의 번역 경전에는 붙어 있지 않다.

般若
반 야

    반야는 空을 이해하는 지혜이며 이성이다. 이 이성은 모든 존재의 근원이며 원점이다. 모든 존재의 원점은 공이며, 공을 이해하게 하는 것이 반야라는 지혜이다.

波羅蜜多
바 라 밀 다

    바라밀다는 범어 파라미타(pāramitā)를 音譯한 것으로 강을 건너 彼岸에 도달한다는 표현이고, 완성한다는 의미를 가지고 있다.

    따라서 마하반야바라밀다는 "큰 지혜로 피안에 도달한다." 또는 '지혜의 완성'이라는 뜻이 된다.

心經
心 경

心은 감정을 나타내는 심이 아니라 가장 중심이 되고 핵심
이 되는 심을 뜻한다. 그러나 오늘날의 심은 정신적 심보다
도 희로애락을 나타내는 인간의 감정을 가리키는 경우가 많
은 것 같다.

經은 불교 경전이 인도에서 중국에 전해졌을 때 意譯한 것
경   의 역
이다. 범어로는 수트라(sūtra), 즉 날실이라는 뜻이다.

반야심경이라는 이 간단한 경전은 대반야경의 진수일 뿐
만 아니라 수많은 불교 경전 중에서도 가장 긴요하고 중요
한 경전임을 나타내며, 특히 이 심경이라는 두 자가 그것을
강조한다.

摩 訶
마 하

摩 訶　　摩 訶　　摩 訶

般 若
반 야

般 若　　般 若　　般 若

波 羅 蜜 多
바 라 밀 다

波 羅 蜜 多 波 羅 蜜 多
波 羅 蜜 多 波 羅 蜜 多

心 經
심 경

心 經　　心 經　　心 經

般若波羅蜜多故
菩提薩埵

無所得
道無智亦無
滅

心故

제**3**장

觀自在
관　자　재

菩薩
보　살

– 진실의 실천

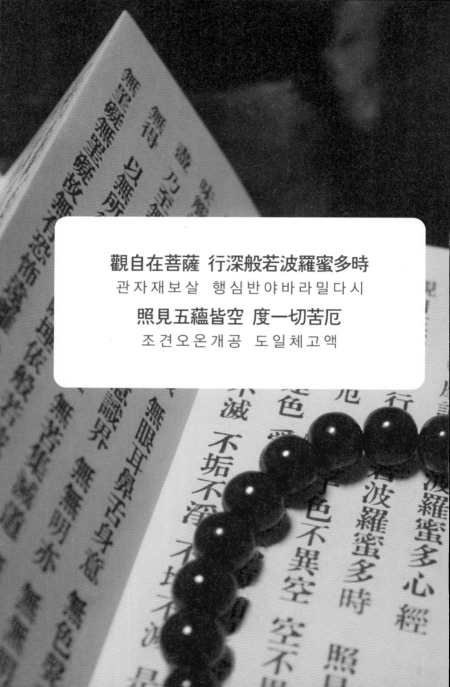

觀自在菩薩 行深般若波羅蜜多時
관자재보살 행심반야바라밀다시

照見五蘊皆空 度一切苦厄
조견오온개공 도일체고액

성스러운 관자재보살이 심오한 반야바라밀다(지혜의 완성)를 실천할 때 五蘊(물질, 감각, 인식, 의지, 마음)이 모두 空이라는 것을 알고, 일체의 괴로움에서 벗어나도록 濟度하셨다.

이 반야심경의 첫 문장은 반야심경의 전체 내용을 담고 있는 중요한 부분이다.

觀自在菩薩
관 자 재 보 살

관자재는 범어인 아바로키테슈바라(Avalokiteśvara)를 의역한 것으로, 光世音, 觀世音, 觀自在 등으로 썼고, 觀音이라고도 한다. 우리나라에서는 관자재보다는 관세음 또는 관음으로 약칭하고 있다.

보살이라는 호칭은 당초 부처님에 한정된 것이었지만 대승불교 탄생 이후 불도 수행자는 모두 보살이라고 부르고 있다.

관자재보살은 부처님의 수행 내용을 인격화한 것이며, 그 수행은 觀, 즉 관찰을 자유롭게 할 수 있는 수행이다. 이 관찰은 현대의 상징적인 관찰로는 의미가 통하지 않으며, 관

▲ 관음보살

찰하는 주체와 관찰 당하는 객체가 분리되기 이전의 사물의 관찰이나 사고방식, 바꾸어 말하면 주관과 객관을 통일한 관찰을 의미하는 것이다.

부처님은 상대를 그냥 보는 것이 아니라 스스로 상대 자체가 되어 보는 관찰의 수행을 한 것이다. 이 관찰을 자유자재로 할 수 있는 수행의 인격화가 관자재보살이다.

일체 중생의 고통을 빠짐없이 관찰하고 구제하는 것은 쉬운 일이 아니지만, 지혜를 갖추어 고통을 올바르게 관찰하여 자비로써 그 고통을 빠짐없이 구제하는 것이다.

관자재보살은 이 願을 만족시키기 위해 어떤 때는 부처님의 모습, 어떤 때는 聲聞(성자, 석존의 말씀을 듣고 깨닫는 사람)의 모습 등 다양한 모습으로 중생을 구제한다.

行深般若波羅蜜多時
행 심 반 야 바 라 밀 다 시

行은 '가다', '실천하다'라는 뜻이며, 深은 '깊다'는 뜻이다. 여기서 '깊다'라는 의미는 관자재보살이 '공의 참된 의미'를 관찰한 깊은 지혜를 표현한 것이다.

반야바라밀다는 앞에서도 서술한 바와 같이 지혜의 완성이라는 뜻이다. 그것을 수행하는 時가 다음의 照見에 이어지게 된다.

時는 순간적으로 지나가는 시간이 아니고 바르게 바라보
는 때를 의미한다. 때라고 하지만 정해진 때가 아니고, 바라
본다고 하지만 볼 것이 없는 시이다.

즉, 시간을 의미하는 것이 아닌 심반야를 행할 때는 어디
에서라도라는 장소의 의미가 포함되어 있다. 시간과 공간의
초월, 영원이라는 의미가 포함된 것이다.

照見五蘊皆空
조 견 오 온 개 공

오온개공임을 照見하고의 조견은 '깨닫다'와 같은 뜻이다.
五蘊은 범어로 판차스칸다(pañca skandha)이며, 色, 受, 想,
오 온   색 수 상
行, 識의 다섯 개의 집합체를 뜻한다.
행 식
- **色蘊** : 형체가 있는 물체를 말한다. 물체는 변화하기도
  색 온
  하고 부서지기도 한다. 이것은 變壞를 뜻하므로 생성된
                                변 괴
  것은 늙고 병들어 죽게 되는 생로병사의 과정을 겪게 된
  다. 즉, 끊임없이 변해 감으로써 한순간도 원래의 상태
  를 그대로 보전하지 못한다는 것을 뜻한다. 현재의 사물
  이나 인간 등 일체의 존재는 無常한 것임을 말한다.
                          무 상
- **受蘊** : 感受 작용을 뜻한다. 선악과 고락을 느끼는 감정,
  수 온   감 수

생물의 빛을 받아들이는 감수 작용을 말한다. 경전에는 苦樂(고락)과 不苦不樂(불고불락)(괴롭지도 않고 즐겁지도 않은 감각)을 느끼며 받아들인다라고 되어 있다.

■ 想蘊(상온) : 물체나 인물을 생각할 때 그것이 눈앞에 없어도 머리에 떠오르는 것을 말한다. 心象(심상)이라고도 말할 수 있으며, 과거의 경험으로 인식된 사물이나 존재의 모습을 기억해 내는 작용이다.

■ 行蘊(행온) : 사물을 보고 받는 느낌을 받아들이는 意志(의지)의 형성력을 말한다. 외부로부터의 느낌을 받아들이고(감수), 과거의 경험을 살려 사물의 이름과 형체를 表象(표상)하며, 그것을 확인하는 다음 단계, 즉 식온이 이루어질 때까지 의지와 행동이 진행되는 상태를 말한다.

■ 識蘊(식온) : 사물을 인식하고 올바르게 판단하는 것을 말한다. 식은 눈, 귀, 코, 혀, 몸, 의지의 여섯 가지 인식, 즉 六識(육식)으로 나뉜다. 이것은 色(색)(사물)과 소리, 향기, 맛, 촉감 등으로 대상 사물의 존재를 인지하는 작용을 말한다.

蘊(온)은 작용하면서 집합한다는 뜻으로, 오온은 다섯 개의 요소가 각각의 기능을 유지하면서 집합하는 것이다. 이 중 색은 인간의 경우 육체라고 할 수 있으며, 수·상·행·식은 정신 현상이라고 할 수 있다.

　고대 인도인들은 현대인 이상으로 사색력이 깊었는데, 부처님이 생존한 기원전 5세기는 유럽에서는 소크라테스, 중국에서는 공자 등 위대한 철학자나 사상가가 생존해 있었다. 따라서 이 시대의 언어는 깊은 뜻을 가진 언어, 반대의 의미까지도 함께 가지고 있는 언어도 있었다. 반야심경의 사상적 구성은 그러한 불교의 견해를 일단 說한 후에, 다시 그것을 부정해 가는 것이다. 부정하면 긍정으로 끝을 맺게 된다.

　색 · 수 · 상 · 행 · 식의 다섯 가지 힘은 인간의 내용이며, 이 다섯 가지 이외의 인간은 없다. 우리가 태어나서 죽을 때까지 이 다섯 가지 힘은 활동을 계속하게 된다. 이 활동이 있음으로써 인간의 지혜도 생기고 활동도 있게 된다. 우리가 죽은 후에는 이 다섯 가지 힘은 남지 않는다. 즉, 인간을 구성하는 이 다섯 가지 힘은 영구적으로 존재하는 것은 아니다.

　이러한 심경의 인간관을 단순한 뜻으로 받아들이면 심반야도 관자재보살도 소멸되고 만다. 오온은 皆空이며, 우리 자신은 오온이다. 오온은 비영구적 존재, 즉 空이므로 인간인 우리는 비영구적 공인 것이다.

이러한 인간관을 가지고 올바르게 보고, 올바르게 救濟하
_{구 제}
는 것이 아니면 반야심경이 바라는 인간관과는 거리가 먼
것이 되고 만다. 照見한 다음에 행하는 것이 조견이며, 이것
_{조 견}
이 바로 관자재보살의 인간관이다.

오온은 우리의 죽음과 함께 空으로 귀결된다는 것을 인정
_공
함으로써 안심으로 이르게 되며, 결코 허무한 것이 아니다.
이러한 참다운 공, 즉 眞空이야말로 심반야의 내용이며 방
_{진 공}
법이다.

오온개공의 空은 零, 無常, 無我를 나타낸다. 영은 아무것
_공 _영 _{무 상} _{무 아}
도 없다는 것을 뜻하고, 무상은 모든 것은 끊임없이 변화해
나간다, 즉 영원한 것은 없다는 것을 뜻한다. 무아는 일체의
사물은 다른 것들과 관계를 맺고 있으며 관계없이 존재하는
것은 아무것도 없다는 것을 뜻한다.

空이라는 글씨 한 자에는 실로 헤아릴 수 없는 수많은 깊
_공
은 뜻이 담겨 있다. 따라서 공이라는 글자를 제대로 설명한
다는 것은 쉬운 일이 아니다. 관자재보살은 이러한 공을 스
스로 체험하고 인생의 모든 고뇌를 극복함으로써 고뇌없는
淨土를 건설한 것이다.
_{정 토}

度一切苦厄
도 일 체 고 액

도일체고액의 度는 '강을 건너다', '피안에 도달하다'는
의미로 救濟의 뜻을 갖는다. 관자재보살에 의한 구제 활동
이며, 현실 세계를 사는 인간들이 갖는 苦厄을 해결하고 우
주의 생명 활동을 성취시킨다는 의미이다.

다시 말하면, 이 苦의 세상에서 부처님의 樂土로 건너가는
것, 到彼岸하는 중생 濟度가 관자재보살이 說하고자 하는
심경의 목적임을 명시한 것이다.

반야심경이 종파와 계층, 남녀노소를 구별하지 않고 널리
읽히는 비밀이 여기에 있는 것이다.

일체의 고액은 육체적 고액과 정신적 고액으로 나눌 수 있
다. 불교에서는 전자를 生苦, 老苦, 病苦, 死苦로 나눈다. 苦
야 말로 종교를 탄생하게 한 근원이며 도달점이다. 부처님
이 출가하여 구도의 길로 가신 동기도 여기에 있다.

후자인 정신적 고는 다음의 넷을 말하며, 육체적 고와 정
신적 고를 합하여 八苦라고 한다.
  1. 愛別離苦 : 사랑하는 사람과 헤어지는 고통, 생별과 사별
     애 별 리 고
  2. 怨憎會苦 : 싫은 상대와 만나지 않으면 안 되는 고통
     원 증 회 고
  3. 求不得苦 : 바라는 것을 가질 수 없는 고통. 유형·무형
     구 부 득 고

의 것

4. **五陰盛苦** : 고통의 원인으로서의 오온이 왕성하고 번뇌
오 음 성 고
가 심한 것

오온이 왕성하다는 것은 인간이 살아 있다는 표시이다. 그
러나 그것이 또한 인간의 고통이다.

앞의 오온개공임을 조견하여의 조견은 비추어 보는 것이
며, 비추어 보는 것은 깨달음을 뜻한다. 여기에서 평안한 마
음이 생긴다. 모든 고통에서 구제된다는 것은 결코 고통이
없어진다는 것은 아니며, 고통이 있으면서, 그 고통에 사로
잡히지 않는다는 평안한 상태를 말하는 것이다.

觀 自 在 菩 薩
관　　자　　재　　보　　살

觀	自	在	菩	薩
觀	自	在	菩	薩
觀	自	在	菩	薩
觀	自	在	菩	薩
觀	自	在	菩	薩
觀	自	在	菩	薩
觀	自	在	菩	薩
觀	自	在	菩	薩

行深般若波羅蜜多時

행 심 반 야 바 라 밀 다 시

行深般若波羅蜜多時

行深般若波羅蜜多時

行深般若波羅蜜多時

行深般若波羅蜜多時

行深般若波羅蜜多時

行深般若波羅蜜多時

行深般若波羅蜜多時

行深般若波羅蜜多時

照 見 五 蘊 皆 空
조 견 오 온 개 공

照　見　五　蘊　皆　空

照　見　五　蘊　皆　空

照　見　五　蘊　皆　空

照　見　五　蘊　皆　空

照　見　五　蘊　皆　空

照　見　五　蘊　皆　空

照　見　五　蘊　皆　空

照　見　五　蘊　皆　空

쓰면서 익혀 봅시다

度一切苦厄
도   일   체   고   액

度 一 切 苦 厄

度 一 切 苦 厄

度 一 切 苦 厄

度 一 切 苦 厄

度 一 切 苦 厄

度 一 切 苦 厄

度 一 切 苦 厄

度 一 切 苦 厄

제**4**장

色은 空,
색   공

空은 色
공   색

舍利子　色不異空　空不異色　色卽是空
사 리 자　색 불 이 공　공 불 이 색　색 즉 시 공

空卽是色　受想行識　亦復如是
공 즉 시 색　수 상 행 식　역 부 여 시

사리자여! 色, 즉 형체는 空과 다르지 아니하며, 공은 색
과 다르지 아니하다. 색은 곧 공이며, 공은 곧 색이다. 受
想行識(감수 작용, 표상 작용, 의지 작용, 인식 작용) 또한 공
과 다르지 아니하다.

舍利子
사 리 자

관자재보살은 경전을 說하였고, 사리자는 그것을 들은 사
람이다. 즉, 반야심경은 사리자를 상대로 설한 경전이라고
할 수 있다.

사리자는 관자재보살과는 달리 실존 인물이다. 사리자(샤
리푸트라, Śāriputra)는 인도의 구 마가다국 波羅門家에서 태
어났다. 동창인 目犍連과 함께 부처님의 제자가 된 십대 제
자 중의 한 사람인데 부처님의 제자가 되기 전에 이미 사상
가로서 일가를 이루고 있던 사람이다.

이 두 사람은 부처님이 입적하기 전에 세상을 떠났는데,
사리자가 종교적으로 전향을 하게 된 동기는 다음과 같다.

어느 날 그가 王舍城의 거리를 거닐고 있을 때 阿說示라는
스님을 우연히 만났는데, 그 스님에게서 "일체 諸法은 因緣
으로 생긴다. 그 인연을 석가여래께서 설법하신다."라는 놀

라운 진리를 듣고 불교로 전향을 하게 된 것이다.

이 '因緣'이라는 말이 사리자로 하여금 오랫동안 신봉해
인 연
온 바라문의 가르침을 버리고 부처님에게로 달려가 불제자
가 되게 한 것이다.

色不異空 空不異色 色卽是空 空卽是色
색 불 이 공   공 불 이 색   색 즉 시 공   공 즉 시 색

관자재보살이 사리자에게 說한 처음의 한마디는 "색은 공
설
과 다르지 아니하며, 공은 색과 다르지 않다."였다.

이 중요한 구절은 心經 전체의 취지를 나타내면서 반야 철
심 경
학의 正念, 즉 흔들리지 않는 굳은 신념을 나타내고 있다.
정 념
- 色 : 색은 물질적 현상이며, 실체가 없는 공이다. 범어로
색
   는 루파(rūpa)이며 '형체' 또는 '형체로 나타난 것'을 말
   한다. 루(rū)는 깨지다, 부서지다이므로 깨지는 것, 변화
   하는 것으로 해석된다.

   모든 물질적 현상은 반드시 因과 緣의 결합에 의해서
   인   연
   형성되며 영원히 존재하는 불변의 실체는 없다.

   따라서 모든 존재는 인연이 다하면 생로병사라는 無常
   무 상
   을 거쳐서 공의 상태로 돌아간다. 즉, 모든 색(존재)의 본
   질은 空이라고 주장한 것이다.
   공

■ 空 : 공의 원어는 수니어(śūnya)이며, 空虛 또는 空無를
  공   공 허   공 무
의미한다. '아무것도 없는 상태'가 원뜻이다.

　이것은 인도 수학에서 영(0)을 의미하며 물질적 존재
는 서로 관계를 유지하면서 변화해 가므로 현상으로서는
존재하지만 實體로서는 존재하지 않는다. 이것이 공이
          실 체
다. 그러나 물질적 현상 속에서 이 空性을 체득하면 근
                                  공 성
원적 주체로서 살아갈 수 있다고도 말한다. 이러한 경지
가 공의 인생관이다.

　공은 색과 다르지 않다의 不異는 이질적인 것이 아니다라
                    불 이
는 것을 나타낸다. 공이라는 超實體적 입장에서는 색은 공
                          초 실 체
과 같고, 수상행식도 공인 것이다.

　색불이공, 공불이색이라고 되풀이한 표현은 색과 공이 논
리적으로 완전히 같다는 것을 나타내는 인도의 수학적 표현
이다.

受想行識 亦復如是
수 상 행 식　역 부 여 시

　수상행식 또한 공과 다르지 않다.

　受는 범어 베다나(vedanā)에서 유래한 것으로 '감각'을 뜻
수

한다. 感受하므로 受이며, 樂을 감수하고 苦를 감수하며 不
苦不樂을 감수한다.

　想은 범어인 삼지나(saṃjñā)를 번역한 것으로 알다(jñā)에
모든 것(sam)을 붙인 것이다. 表象이라고 번역할 수 있으며,
了解하므로 想이라고 표현한다.

　行은 범어로 삼스카라(saṃskāra)이며, 다양한 뜻을 포함하
고 있다. 여기서는 정신적인 작용이 일정한 방향으로 움직
인다는 뜻의 意志라고 볼 수 있다.

　識은 범어로 비지나나(vijñānā)이며, 분할하여(vi) 안다
(jñānā)라는 말이다. 보통 六識으로 나누어 眼, 耳, 鼻, 舌,
身, 意라는 여섯 가지 인식 작용이 色, 聲, 香, 味, 觸, 法이
라는 여섯 가지 대상을 인식하는 작용을 총칭하여 식이라고
한다. 지식이라고 할 수 있다.

　색즉시공의 색은 오온개공을 대표하여 나타낸 것이며, 다
음에 오는 受想行識 亦復如是는 곧 "수상행식은 空과 다르
지 아니하며, 공은 수상행식과 다르지 않다. 수상행식은 즉
공이요, 공은 즉 수상행식이다."가 된다.

舍利子
사　　리　　자

舍　利　子　　舍　利　子

舍　利　子　　舍　利　子

色不異空空不異色
색　불　이　공　공　불　이　색

色 不 異 空 空 不 異 色

色 不 異 空 空 不 異 色

色 不 異 空 空 不 異 色

色 不 異 空 空 不 異 色

色 不 異 空 空 不 異 色

色 卽 是 空 空 卽 是 色

색   즉   시   공   공   즉   시   색

色 卽 是 空 空 卽 是 色

色 卽 是 空 空 卽 是 色

色 卽 是 空 空 卽 是 色

色 卽 是 空 空 卽 是 色

色 卽 是 空 空 卽 是 色

色 卽 是 空 空 卽 是 色

色 卽 是 空 空 卽 是 色

色 卽 是 空 空 卽 是 色

受 想 行 識 亦 復 如 是
수　상　행　식　역　부　여　시

受 想 行 識 亦 復 如 是

受 想 行 識 亦 復 如 是

受 想 行 識 亦 復 如 是

受 想 行 識 亦 復 如 是

受 想 行 識 亦 復 如 是

受 想 行 識 亦 復 如 是

受 想 行 識 亦 復 如 是

受 想 行 識 亦 復 如 是

제5장

영원한
생명

舍利子　是諸法空相　不生不滅
사리자　시제법공상　불생불멸

不垢不淨　不增不減
불구부정　부증불감

사리자여! 이 모든 事象은 空임이 특질이며, 생하지도 않
고 멸하지도 않으며, 더러워지지도 않고 깨끗해지지도 않
으며, 증가하지도 않고 줄어들지도 않는다.

舍利子
사 리 자

여기에서도 '사리자여!'가 나온다. 관자재보살이 사리자에
게만 설법하는 것이라고 생각하면 안 된다. 관자재보살도 사
리자도 제1층 단수형인 '나'라고 생각하고 읽어야 한다.

諸法空相
제 법 공 상

이 '諸法은 空相이며'의 法은 법률, 가르침, 진리 등의 뜻
이 있지만, 불교에서는 삼라만상의 뜻으로 쓰고 있다. 앞에
서 언급한 現象이나 事象을 법이라고 한다.

이 법이 단수형일 때에는 진리 또는 가르침으로, 복수형일
때에는 삼라만상을 뜻한다고 생각하면 된다. 여기에서 제법
은 복수형이므로 삼라만상을 가리키는 것이다.

삼라만상이 空相이라 할 때, 이 相은 용모를 나타내는 상
이 아니며, 그 사람의 내면적인 人相을 말한다.

不生不滅 不垢不淨 不增不減
불 생 불 멸 불 구 부 정 부 증 불 감

이 제법, 즉 삼라만상은 모두가 공상이다에 이어지는 불생불멸 불구부정 부증불감은 생하지도 않고 멸하지도 않으며, 더러워지지도 않고 깨끗해지지도 않으며, 증가하지도 않고 줄어들지도 않는다가 된다.

여기서 不을 단순한 부정어로 받아들이면 안 된다. 이 부정은 事理를 부정하면서 긍정하는 것이므로 '초월한다'로 해석하면 이해하기 쉽다. 초월한다는 것은 사로잡히지 않는다는 뜻이다. 편협되지 않고 사로잡히지 않는 마음, '넓게 더 넓게'라고 강조하면서 사로잡히지 않는 마음까지도 부정하는 것이다. 여기에서 새로운 긍정이 나오며, 이것이 空의 마음이다.

五蘊에 의해 만들어진 諸法은 모두 空이라는 공의 相에 대해 말한 이 구절은 눈에 보이는 유형의 물질과 눈에 보이지 않는 무형의 정신이 모여 공상을 이루었음을 나타낸다. 이 세상의 모든 존재는 '공의 상태'이므로 생한다고 해도 아무것도 새로 생기는 것이 아니고, 멸한다고 해도 모든 것이 다 없어져 버리는 것이 아니다.

더럽다, 깨끗하다 또는 증가한다, 감소한다라고 말하지만 그것은 사물 하나하나에 사로잡혀 단지 육안으로 보는 차별 또는 편견에 의해 발생하는 것이며, 달관의 경지에서 일체의 사물을 마음의 눈으로 보면 만물은 불생불멸이고 불구부정이며 불증불감이라는 것이다.

가령 불생불멸이라는 말을 예로 들면, 불생불멸은 생멸을 滅己(마친다)한다는 것이다. 즉, 생사에 집착하지 않고 해탈을 한다는 뜻이며, 그것이 불생불멸을 나타내는 것이다.

생멸은 변화를 나타내는 말이며, 변화 · 유전 · 무상 등 눈앞에 나타나는 사실을 말한다. 생명을 멸해서 마친다는 것은 생에 사로잡히거나 멸에 사로잡히는 마음, 집착하는 마음을 떠나보낸다는 의미이다. 또한, 생했다고 기뻐하고, 멸했다고 슬퍼하는 '집착하는 마음', '사로잡힌 마음', '갈피를 못 잡는 마음'을 부정한다는 것이다. 인연에 의해 집합된 삼라만상, 공의 상태로 있는 일체 사물은 모두 불생불멸이며 부증불감이다.

우리 눈앞에 생과 멸은 사실로 존재하는 것이지만, 그것에 사로잡히지 않으면 생과 멸은 존재해도 존재하지 않는 것과 같다. 이러한 상태를 不이나 無라는 말로 표현한 것이 반야심경이다.

쓰면서 익혀 봅시다

舍 利 子
사　　리　　자

舍 利 子　　舍 利 子
舍 利 子　　舍 利 子

是 諸 法 空 相
시　　제　　법　　공　　상

是　諸　法　空　相

是　諸　法　空　相

是　諸　法　空　相

是　諸　法　空　相

是　諸　法　空　相

쓰면서 익혀 봅시다

不 生 不 滅
불 생 불 멸

不生不滅　不生不滅
不生不滅　不生不滅

不 垢 不 淨
불 구 부 정

不垢不淨　不垢不淨
不垢不淨　不垢不淨

不 增 不 減
부 증 불 감

不增不減　不增不減
不增不減　不增不減

제**6**장
집착하지
않는 마음

是故 空中無色 無受想行識 無眼耳鼻舌身意
시고 공중무색 무수상행식 무안이비설신의

無色聲香味觸法 無眼界 乃至無意識界
무색성향미촉법 무안계 내지무의식계

그러므로 공에는 색, 즉 물체도 없고, 감수 작용도 없으며, 생각이나 의식의 진행, 식별 작용도 없다.

공의 세계에서는 눈도 없고 귀도 없으며, 코도 없고 혀도 없으며, 몸도 의지도 없다. 그리고 색, 소리, 향기, 미각, 촉감, 법도도 없고, 眼界도 없으며, 意識界도 없다.
                              안 계   의 식 계

이 말은 불교의 세계관을 말하는 三科의 法門, 즉 蘊·
                                    삼 과   법 문   온
處·界의 세 방향에서 '일체는 공'이라는 것을 반복하여 說
처 계   설
한 것이다.

그런데 五蘊은 앞에서도 나왔지만 우리들 인간 세계를 구
        오 온
성하는 다섯 가지 요소이다. 즉, 눈으로 보고 귀로 들으며, 코로 냄새를 맡고 혀로 맛을 보며, 몸에 닿는 일체의 객관적 세계는 모두가 色 속에 포함되는 것이다.
                              색

오온 중 수·상·행·식의 넷은 의식 작용이며, 모두가 주관에 속하는 것이다. 그중에서도 識은 주관의 주관이라고
                                  식
볼 수 있는데, 이 의식의 객관인 色과 서로 관계를 맺음으로
                          색
써 생기게 되는 심상이 수·상·행인 것이다.

'오온은 공'이라는 것은 세상에 있는 일체가 공이라는 뜻이다. 따라서 "공에는 색도 없고 수·상·행·식도 없다." 라는 것은 우리들도, 우리들이 살고 있는 세계도 모든 것은

공의 상태에 있는 것이며, 단지 인연에 의해 임시로 존재하는 것이므로 집착할 것은 아무것도 없다는 뜻이다.

다음으로 處는 十二處를 말하며 六根에 六境을 더한 것이다. 육근은 눈·귀·코·혀·몸체의 오관, 즉 오근에 意根을 더한 것으로 우리의 몸과 마음을 말한다.

근은 근원 또는 근본이며, 육근은 六識이 외경을 인식하는 경우 그 근거가 되고 근본이 되는 것이므로 근이라고 한 것이다.

육경은 육근의 대상이 되는 것으로 색·성·향·미·촉·법의 여섯 가지이다. 육근에 대한 여섯 개의 경계가 육경이다. 이 육경을 六塵이라고도 하는데, 우리들의 깨끗한 마음을 더럽힌다는 뜻이다. 우리의 깨끗한 마음을 때 묻게 하고 혼돈하게 만드는 것은 외계에서 오는 색·성·향·미·촉·법이므로 육경을 육진이라고 부르는 것이다. '육진의 경계' 등으로도 부른다. 육진 속의 法塵은 意根의 대상이며, 기쁘다, 슬프다, 밉다, 예쁘다 등의 정신 작용, 즉 心法을 말한다.

이상에서 말한 육근과 육경이 십이처이며, 처는 장소에서 생장한다는 뜻으로도 해석한다. 육근이 육경을 받아들여 의식을 생장시키므로 십이처라고 한 것이다. 이 근과 경은 상호 작용으로 근은 경을 취하고 경은 근을 생성시킨다.

끝으로 界란 十八界를 말한다. 육근과 육경에 육식을 더한
것이다. 인식 작용은 근과 경, 식의 셋이 합치지 않고서는
발생하지 않는다. 근과 경만 있고 식이 빠지면 보아도 보이
지 않고 있어도 없는 것과 같다.

이 界라는 문자는 과학 세계, 철학 세계 등의 세계로, 구
별과 영역의 뜻을 나타낸다. 따라서 십팔계라고 하면 열여
덟 종류의 세계를 말하며, 근·경·식의 상호 관계로 생성
된 열여덟 개의 세계이다. 예를 들어, 眼根과 色境·眼識이
화합하면 안을 중심으로 한 하나의 세계가 생성되는 것이
다. 그것이 眼界이다.

안계는 眼의 세계이며, 심경에서는 무안계 내지무의식계
라고 하여 안계를 처음에 내놓고 마지막에 의식계를 내놓았
다. 그 중간에 들어갈 '귀의 세계', '코의 세계', '혀의 세
계' 등의 십육계는 乃至라는 두 글자로 생략하고 있다.

인간의 인식 작용은 결국 이 根·境·識 셋의 화합으로
생기는 것이며, 식은 인식의 주체로 心을, 근은 그 식의 근
거할 곳을, 경은 소위 所緣, 즉 마음속으로 인식할 대상이
된다.

인식이 없이는 일체 만물은 존재하지 않으므로 심경에

「眼耳鼻舌身意도 없고, 色聲香味觸法도 없다.」로 나온 것은
결국 '일체는 개공'임을 자세히 분석하여 설명한 것이다.

인간 세계는 일체의 존재가 모두 공이다. 因緣에 의해 生
하는 일체는 빠짐없이 모두가 공이다. 일체의 사물은 상대
의존의 관계이며, 인간관계에서 뿐만 아니라 삼라만상이 다
그러하다. 이것은 상호 의존이며, 현대 물리학에서 말하는
相補性 원리이다.

인간은 항상 변화하고 달라진다. 어제의 나는 오늘의 내가
아니며, 오늘의 나는 내일의 내가 아니다. 일체 만물은 상호
의존의 관계에 있을 뿐만 아니라 강물처럼 흐르고 움직인다.

만물 流轉과 상호 의존은 인연이라는 모태에서 태어난 두
개의 원리이다. 이 원리를 깨달을 때 우리는 비로소 국가,
사회, 인류의 은혜를 느끼게 되고, 삶의 존엄성을 알게 된
다. 나 홀로인 내가 아닌, 모든 상대 관계에 의해 양육되는
나를 알게 될 때 진심으로 감사하게 되고, 미안하고 과분하
다는 감사보은의 마음이 생기게 된다. 자기의 생활을 반성
하지 않고 세상을 원망하고 사람들을 원망하는 것은 비판할
여지도 없는 나쁜 버릇이다.

반야의 공을 이해하고 인연의 원리를 깨닫게 되면, 덧없는
인생을 알게 되고, 생의 존엄성을 알게 된다. 생은 덧없는

것이기에 귀중하다. 꽃의 생명은 꽃이 지기 때문에 있는 것
처럼 인간도 죽기 때문에, 죽지 않으면 안 되기 때문에 생의
가치를 가지는 것이다. 생에 대한 귀중함과 고마움을 느끼
기 때문에 空을 이해하는 사람은 생을 잘 지키려고 노력한
다. 생과 사에 집착하지 않는 사람은 죽음을 두려워하지 않
는다.

是 故
시 고

是 故　　是 故　　是 故

是 故　　是 故　　是 故

空 中 無 色
공 중 무 색

空 中 無 色　　空 中 無 色

空 中 無 色　　空 中 無 色

無 受 想 行 識
무 수 상 행 식

無　受　想　行　識

無　受　想　行　識

無　受　想　行　識
無　受　想　行　識
無　受　想　行　識

無眼耳鼻舌身意
무　안　이　비　설　신　의

無　眼　耳　鼻　舌　身　意
無　眼　耳　鼻　舌　身　意
無　眼　耳　鼻　舌　身　意
無　眼　耳　鼻　舌　身　意
無　眼　耳　鼻　舌　身　意

無色聲香味觸法
무 색 성 향 미 촉 법

無 色 聲 香 味 觸 法

無 色 聲 香 味 觸 法

無 色 聲 香 味 觸 法

無 色 聲 香 味 觸 法

無 色 聲 香 味 觸 法

無 色 聲 香 味 觸 法

無 色 聲 香 味 觸 法

無 色 聲 香 味 觸 法

無眼界乃至無意識界

무 안 계 내 지 무 의 식 계

無眼界乃至無意識界

無眼界乃至無意識界

無眼界乃至無意識界

無眼界乃至無意識界

無眼界乃至無意識界

無眼界乃至無意識界

無眼界乃至無意識界

無眼界乃至無意識界

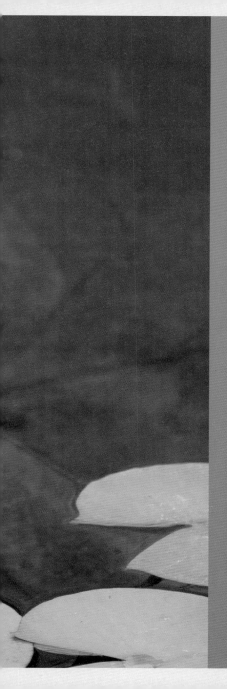

제**7**장

인연의
깨달음

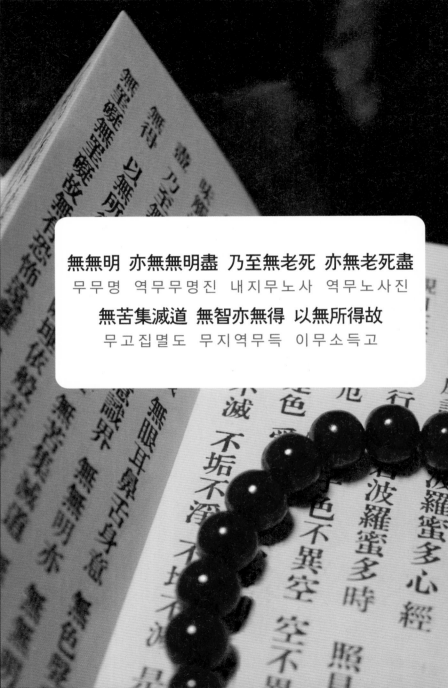

無無明 亦無無明盡 乃至無老死 亦無老死盡
무무명 역무무명진 내지무노사 역무노사진

無苦集滅道 無智亦無得 以無所得故
무고집멸도 무지역무득 이무소득고

無明도 없고, 무명이 다하여 없어지는 일도 없다. 老死도
없고, 노사가 다하여 없어지는 일도 없다. 苦(괴로움), 集(원
인), 滅(열반), 道(길)도 없다.

智(지혜)도 없고, 得(열반으로의 도달)도 없다. 깨달아 얻어
지는 것이 없기 때문이다.

無無明 亦無無明盡 乃至無老死 亦無老死盡
무 무 명 역 무 무 명 진 내 지 무 노 사 역 무 노 사 진

이것은 무명에서 시작해서 노사로 끝나는 十二因緣(십이연
기라고도 함)에 대한 내용이다. 심경에서는 십이인연도 공이
라고 부정하고 있다. 즉 공 그 자체에는 십이인연 또한 없다
는 뜻이다. 십이인연에 대한 전통적 견해는 다음과 같다.

1. 無明 : 明이란 밝음, 즉 지혜를 뜻한다. 무명은 지혜가
   없음, 즉 無知를 이른다. 이 무지가 생사의 근본을 이루
   므로 근본무명이라고도 한다.

2. 行 : 무명이 만들어 낸 인간의 선악, 모든 행동을 말한
   다. 진실과 진리에 대한 그릇된 인식이 진행되고 있는
   상황, 제행무상의 존재의 변화가 진행하는 것도 같은
   뜻이다.

3. 識 : 사물을 분별하여 인식하는 것을 말한다.

4. 名色(명색) : 色(물질)과 名(정신)을 일컬으며, 식의 대상이 되는 六境(육경)(색·성·향·미·촉·법)을 가리킨다.

5. 六入(육입) : 눈·귀·코·혀·몸의 五根(오근)과 意根(의근)을 가리킨다. 외계의 자극이 들어오므로 육입이라고 한다.

6. 觸(촉) : 六根(육근)과 六境(육경)의 접촉으로 보고 들으며, 냄새를 맡고 맛을 보는 등 접촉으로 인식 관계가 이루어지는 것을 말한다.

7. 受(수) : 苦樂(고락), 好惡(호오) 등의 감각이나 감정을 받아들이는 감수 작용을 뜻한다.

8. 愛(애) : 苦(고)를 피하고 樂(낙)을 추구하는 인간의 근본적 성향을 말한다.

9. 取(취) : 자신이 원하는 대상을 취하려고 하는 번뇌 작용을 뜻한다.

10. 有(유) : 愛(애)와 取(취)가 기본이 되어 여러 가지 業(업)이 생기고 거기에서 미래의 결과가 발생된다는 뜻이다.

11. 生(생) : 생존을 의미한다. 因(인)과 緣(연)이 결합하여 존재와 法(법)(사물)이 생성된다.

12. 老死(노사) : 살고 있는 동안에 늙고 마침내 죽음에 도달한다는 뜻이다. 존재나 사물은 반드시 生住異滅(생주이멸)의 無常(무상)한 결과를 겪게 된다는 과정을 말한다.

이 항목들을 인생 경로에 따라 다시 간단히 설명하면 다음과 같다.

行은 의지 활동이며, 無明이 원인이 되어 일어나는 본능적인 행동이다. 새로운 생명이 잉태하는 것을 識이라 하고, 어머니의 태에서 자라나고 신체가 발육해 가는 것을 名色이라고 한다. 오체 육근이 완전히 자라는 것을 六入이라고 하며, 마침내 인간이 탄생한다.

태어난 아기가 자라면서 사물을 인식하는 단계를 觸이라 하고, 인식 후에 생기는 고락, 좋고 나쁨을 감수할 수 있는 단계를 受라고 한다. 이러한 감각이 작동하기 시작하면 자신이 원하는 것에 집착하게 되는데 이것을 愛라고 한다. 일단 愛하려는 마음이 생기면, 그것을 자신의 것으로 하고자 하게 된다. 이것이 取이다. 취함으로써 자신의 소유물이 된다.

有에 대한 관념은 삶이 계속되는 동안 붙어 다닌다. 그리고 살아서 늙으면 당연히 老死에 이르게 된다. 이것은 누구든 피할 수 없는 경로이다.

老도 없고 死도 없다는 것은 늙지도 않고 죽지도 않는다는 뜻이 아니며, 생에 집착하지 않고, 노에 집착하지 않으며 죽음에 집착하지 않고 그것을 초월해 간다는 뜻이다.

나이가 들면 젊었을 때에는 몰랐던 삶을 개척할 수 있다.

병도 없어지는 것이 아니라 병을 앓음으로써 건강할 때 몰랐던 삶에 대하여 알 수 있다. 늙음도 질병도 인간의 일생에서는 불가결한 한 가지 사실이라는 것을 알고 집착하지 않는 마음이 생기면 노사에도, 병고에도 사로잡히지 않는 삶을 보낼 수 있다.

앞에서 말한 12개의 인연은 각각 이중의 구조를 갖는데, 이를 도식화하면 다음과 같다.

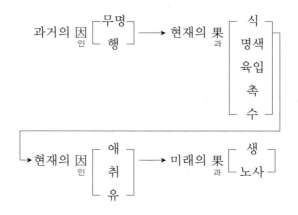

이처럼 현재는 과거의 果이고, 현재가 또한 미래를 태어나게 한다는 식으로 인간의 존재는 현재를 기점으로 과거·현재·미래의 3세에 걸쳐 이중적 인과관계, 즉 三世兩重 인과관계를 갖는다.

이 십이인연의 하나하나를 다시 태아기·소년기·청년기·장년기·노년기로 배분할 수 있다.

무명 — 행 — 식 — 명색 — 육입 — 촉 — 수 — 애 —
└─태아기─┘ └──────소년기──────┘   청년기

취 — 유 — 생 — 노사
└─장년기─┘ └─노년기─┘

십이인연은 "무명이 있으면 행이 있고 행이 있으면 식이 있다."라는 이해 방식을 취하면 順觀(순관)이 된다. 이에 대해 "무명이 없으면 행도 없고, 행이 없으면 식도 없다."로 노사가 없는, 노사를 초월하는 방식을 취하면 逆觀(역관)이 된다.

無明(무명)은 글자 그대로 밝지 않다는 뜻이다. 무엇에 밝지 않은가? 진리에 밝지 않다는 뜻이며, 진리는 인연을 말한다. 삼라만상은 인연에 의해 변해간다. 그것을 아는 것이 明(명)이며, 모르면 무명이다. 인연의 도리를 모르면 혼돈하고 헤매게 되는 것이다.

무명을 근원으로 행·식·명색·육입·촉·수·애·취·유·생·노사에서 다시 무명으로 이어지는 12항목이 상호 因(인)이 되고 緣(연)이 되며, 또한 연이 되고 인이 되면서 원인이

제7장 인연의 깨달음 · 73

결과를 가져와 영원토록 되풀이한다. 이렇게 생로병사의 굴레를 설명한 것이 십이인연이다.

심경은 가장 전통적이고 눈과 귀에 익숙한 십이인연의 이해를 통해 인간 존재의 근본을 찾으려고 하는 것이다.

無苦集滅道
무 고 집 멸 도

공의 세계에는 괴로움도 없고 괴로움의 원인도 없으며, 괴로움이 없어진 열반의 경지나 경지에 이르는 길도 없다.

이 고집멸도는 4개의 성스러운 진리, 즉 四聖諦를 말하며,
사 성 제
줄여서 四諦라고도 한다.
사 제
사성제에 대해 구체적으로 살펴보면 다음과 같다.

苦諦는 인생을 경험적으로 본 진리이며, 인생은 고통으로
고 제
충만해 있다는 것이다. 4고, 8고라고도 표현한다.

4고는 生苦, 老苦, 病苦, 死苦이며, 8고는 여기에 愛別離苦
생 고 노 고 병 고 사 고   애 별 리 고
(사랑하는 자와 헤어져야 하는 고통), 怨憎會苦(싫은 사람과 만
원 증 회 고
나야 하는 고통), 求不得苦(원하는 것이나 지위를 얻을 수 없는
구 부 득 고
고통), 五陰盛苦(이들 고통의 근원이 되는 심신을 구성한 諸力,
오 음 성 고   제 력
즉 오온이 盛하여 고통스러운 것)의 4고를 더한 것이다.
성

이 苦諦의 원인을 찾는 것이 集諦이다. 集諦는 번뇌가 행
고 제   집 제   집 제

위, 즉 業을 낳고, 업이 모여 고를 만든다는 사실을 지적한
다. 영어로 말하면 what, why라고 할 수 있다. 사실을 깨닫
고 그 결과 번뇌의 근원을 없애 마음의 평안을 얻는다는 사
실이 滅諦이다.

道諦는 거기에 도달하는 도정이며, 八正道로 제시되는 전
신·전령의 수행을 가리킨다.

八正道

苦를 끊는 여덟 가지의 올바른 길을 제시한 것이다. 올바르게
四諦의 도리를 보는 正見, 올바르게 사제의 도리를 생각하는
正思惟, 올바르게 말을 하는 正語, 깨끗한 몸과 마음을 갖는 正
業, 바른 생활을 하는 正命, 깨닫기 위해 정력을 다하는 正精
進, 올바른 도를 생각하는 正念, 올바른 정신의 집중과 안녕을
추구하는 正定의 여덟 가지 실천 덕목이다.

인간은 많은 모순을 갖는 동물이다. 고집멸도의 네 가지
진리, 즉 四諦의 諦는 明과 같은 뜻을 갖는다. 밝게 본다,
즉, 사물의 본 모습을 보고 진실을 파악한다는 뜻이다.

불교의 근본은 이 사제, 즉 네 개의 진리에 있다. 이 네 개

의 진리가 고집멸도의 사제이다.

쉽게 말하면 인생은 고통이라는 것과 그 고통이 어디서 왔는가라는 苦의 원인, 고를 해탈한 세계와 고를 제거하는 방법을 가르친 것이 四諦의 원리이다.

고집멸도라는 심경의 이 일절은 空이라는 입장에서 보면 사제의 진리가 되는 것이다.

無智亦無得 以無所得故
무 지 역 무 득   이 무 소 득 고

空의 세계에는 지혜도 없고 깨달음을 얻는 것도 없다. 심경은 이 단계에서 앞에서 말한 색불이공·공불이색, 六不, 三科, 十二因緣, 四諦의 空無 등을 인식하는 주체로서의 智도, 인식당하는 객체로서의 理도 그 실상은 공이라는 것을 제시하고 있다.

이것은 智·境 무소득이라는 심경의 인식론의 제일 중요한 장면이며, 인간이 사물을 분별하는 지혜는 보편적인 진실이고, 체득해야 할 지혜가 있는 것이 아니며, 얻어야 할 깨달음도 존재하는 것이 아니라는 것을 제시하고 있다.

無所得이라는 말은 아주 깊은 뜻을 갖는다. 일체 만물은 모두 空의 상태에 있다. 五蘊도 없고 十二處도 없으며, 十八

界도 없고 十二因緣도 없다. 그리고 四諦도 없다. 이렇게 말하면, "아! 일체는 공이로구나." 하고 깨닫게 될 것이다. 더 나아가 공이라고 깨닫는 것이 반야의 지혜를 체득하는 것이라고 생각하여 '지혜'에 집착하게 된다.

그러나 그 지혜는 원래 없는 것이다. 지혜뿐만이 아니다. 그런 체험 후에는 무엇인가 소득이나 이익이 있을 것이라고 생각하는 사람도 있을지 모르지만, 그런 것도 없다는 것이 무지역무득이다.

이렇게 말하면 무엇이 무엇인지 도무지 알 수 없는 미궁 속을 헤매는 것 같지만, 불교의 이상은 혼미를 轉하여 깨달음을 얻는 것이며, 번뇌를 斷하고 菩提를 체득하는 것이다. 즉, 범부가 불타가 되는 것이다. 그런데도 불구하고 혼미함도 없고 깨달음도 없으며, 번뇌도 없고 보리도 없다란 도대체 무엇일까? 하는 의문이 생길 것이다. 그러나 여기에서는 만물은 인연으로 생긴다는 것을 생각해야 한다. 인연이 있는 것은 일체가 상대적인 것이다.

결론적으로 무소득은 나 자신의 것은 아무것도 없다는 뜻이다. 그러나 무소득이 虛無를 의미하는 것은 아니며 무소득에 徹함으로써 얻는 것이 무한한 소득이다. 무소득이 그대로 최상의 得益이 된다는 것이 심경의 깨달음이다.

無 無 明 亦 無 無 明 盡
무　　무　　명　　역　　무　　무　　명　　진

無 無 明 亦 無 無 明 盡

無 無 明 亦 無 無 明 盡

無 無 明 亦 無 無 明 盡

無 無 明 亦 無 無 明 盡

無 無 明 亦 無 無 明 盡

無 無 明 亦 無 無 明 盡

無 無 明 亦 無 無 明 盡

無 無 明 亦 無 無 明 盡

乃 至
내 지

乃 至　　乃 至　　乃 至
乃 至　　乃 至　　乃 至

無 老 死 亦 無 老 死 盡
무 노 사 역 무 노 사 진

無 老 死 亦 無 老 死 盡
無 老 死 亦 無 老 死 盡
無 老 死 亦 無 老 死 盡
無 老 死 亦 無 老 死 盡
無 老 死 亦 無 老 死 盡

無苦集滅道

무　　고　　집　　멸　　도

無　苦　集　滅　道

無　苦　集　滅　道

無　苦　集　滅　道

無　苦　集　滅　道

無　苦　集　滅　道

無智亦無得

무　　지　　역　　무　　득

無　智　亦　無　得

無　智　亦　無　得

無　智　亦　無　得
無　智　亦　無　得
無　智　亦　無　得

以無所得故
이　무　소　득　고

以　無　所　得　故
以　無　所　得　故
以　無　所　得　故
以　無　所　得　故
以　無　所　得　故

제**8**장

집착도
없고
공포도
없는 마음

菩提薩埵　依般若波羅密多故　心無罣碍
보리살타　의반야바라밀다고　심무가애

無罣碍故　無有恐怖　遠離顚倒夢想　究竟涅槃
무가애고　무유공포　원리전도몽상　구경열반

보살은 반야바라밀에 의지하여 마음에 걸림이 없다. 걸림이 없기 때문에 공포가 없어지고 일체가 전도된 몽상을 멀리 보내어 열반에 들게 된다.

菩提薩埵
보 리 살 타

보리살타는 보디사티바(bodhisattva)를 음역한 것인데, 이 말을 略하면 菩薩이 된다. 보살은 救濟者로서 우리 앞에 나타난다. 보리살타는 깨달음을 구하기 위해 불도를 수행하는 修行者이다.

依般若波羅密多故
의 반 야 바 라 밀 다 고

무엇이건 다 空이며 자신의 것은 아무것도 없다. 아무것도 없다는 것도 없다. 자기 자신도 없다. 없는 자신이라는 것도 없다. 무소득이라는 것을 바르게 이해하는 것이 '반야의 지혜'이다. 이 지혜를 얻었다는 자각에도 집착하지 않는 것이 '반야바라밀다에 의지하기 때문에'이다.

心無罣碍 無罣碍故 無有恐怖
심 무 가 애　　무 가 애 고　　무 유 공 포

　공은 아무것에도 집착되지 않는 것이며, 아무것에도 머물
지 않는 것이다. 이 공을 체득하는 지혜를 알면 마음에 '罣
碍가 없다.' 이다. 心은 중심이라는 의미이지만, 심무가애는
우리의 정신을 말하는 것이다. 슬프다든가 무엇을 바란다든
가 하는 감정적인 마음이다. 가애는 '가로막는다' 는 뜻이며
'가애가 없다' 는 것은 가로막는 것이 없다는 뜻이다. 가로
막는 것이 없기 때문에 공포도 없고 두려운 것도 없다는 의
미이다.

遠離顚倒夢想 究竟涅槃
원 리 전 도 몽 상　　구 경 열 반

「顚倒夢想을 遠離하고 涅槃을 究竟한다.」
　전도몽상　　원리　　　열반　구경
　전도(viparyasa)는 맨 끝의 몽상을 형용한 것이다. 몽상은
없는 사실을 상상하며 헤매는 것이다. 전도는 뒤집혀지는
것, 거꾸로 되는 것, 당황하고 소란한 것 등을 나타내는 말
이다. 불교에서는 도리를 제대로 보지 않고 거꾸로 본다는
뜻이다.
　열반(nirvana)의 뜻은 깨달음이다. 모든 妄執에서 깨어나
　　　　　　　　　　　　　　　　　　　망 집

평안한 마음이 되는 상태이다. 영원한 삶을 알게 되는 깨달음의 실체험이 구경열반이다.

열반의 원 의미는 "불(vana)을 끄다(nir)"였는데, 불교에서는 止滅, 寂滅, 滅度, 寂靜, 円滅 등으로 번역하여 모든 번뇌
지 멸   적 멸   열 도   적 정   원멸
와 전도가 없어지고 기쁨에 넘친 조용한 경지가 되는 것을 말한다.

이 열반을 내 것으로 하는 것이 "열반을 구경한다"이다. 이 열반에 대한 이해는 다음에 이어지는 경구 「삼세제불은 반야바라밀에 의하는 고로 아뇩다라삼먁삼보리를 얻었다」 와 관련지어 깊게 할 수 있다.

菩 提 薩 埵
보 리 살 타

菩 提 薩 埵　　菩 提 薩 埵

菩 提 薩 埵　　菩 提 薩 埵

菩 提 薩 埵　　菩 提 薩 埵

菩 提 薩 埵　　菩 提 薩 埵

依 般 若 波 羅 密 多 故
의 반 야 바 라 밀 다 고

依 般 若 波 羅 密 多 故

依 般 若 波 羅 密 多 故

依 般 若 波 羅 密 多 故

依般若波羅密多故
依般若波羅密多故
依般若波羅密多故
依般若波羅密多故

心 無 罣 碍
심　무　가　애

心無罣碍　心無罣碍
心無罣碍　心無罣碍
心無罣碍　心無罣碍
心無罣碍　心無罣碍

無罣碍故
무 가 애 고

無罣碍故　　無罣碍故
無罣碍故　　無罣碍故
無罣碍故　　無罣碍故

無有恐怖
무 유 공 포

無有恐怖　　無有恐怖
無有恐怖　　無有恐怖
無有恐怖　　無有恐怖
無有恐怖　　無有恐怖

遠離顚倒夢想
원 리 전 도 몽 상

遠 離 顚 倒 夢 想

遠 離 顚 倒 夢 想

遠 離 顚 倒 夢 想

遠 離 顚 倒 夢 想

遠 離 顚 倒 夢 想

究竟涅槃
구 경 열 반

究竟涅槃 究竟涅槃

究竟涅槃 究竟涅槃

제9장

삼세의
깨달음

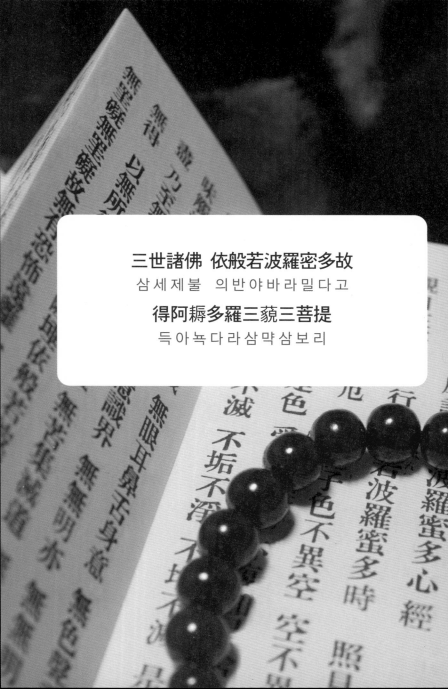

三世諸佛　依般若波羅密多故
삼 세 제 불　의 반 야 바 라 밀 다 고
得阿耨多羅三藐三菩提
득 아 뇩 다 라 삼 먁 삼 보 리

三世(과거, 현재, 미래)의 모든 부처도 반야바라밀에 의지
삼세
하여 더 없는 바른 깨달음을 얻게 된다.

三世諸佛 依般若波羅密多故
삼 세 제 불   의 반 야 바 라 밀 다 고

삼세란 과거·현재·미래이다. 따라서 삼세제불은 삼세에
걸쳐 존재하는 일체의 부처님을 말한다. 대승불교에서는 十
십
方三世에 부처님이 계신다고 한다.
방 삼 세
이것은 삼세에 많은 부처님이 계신다는 것을 말하기도 하
지만 상징적으로 과거·현재·미래를 통하여 영원한 진리
가 존재한다는 것을 말하기도 한다.
'삼세의 제불도 반야바라밀다에 의지하여'라는 것은 제불
을 낳은 母胎가 반야이므로 반야의 지혜가 없으면 佛이라고
모 태   불
말할 수 없다는 뜻이다. 반야가 있어야만 佛이 있다.
불
반야심경의 첫머리에 "관자재보살께서 심반야바라밀다를
행할 때 五蘊皆空임을 照見하여 一切苦厄을 度하셨다."라고
오 온 개 공   조 견   일 체 고 액   도
나오는데, 자비의 화신인 보살, 불성의 화신인 관음도 반야
의 지혜를 갈고 닦아 일체가 공임을 체득함으로써 중생의
모든 고뇌를 구제할 수 있게 되는 것이다.

得阿耨多羅三藐三菩提
득 아 뇩 다 라 삼 먁 삼 보 리

　영원한 시간의 흐름 속에서 불생불멸의 부처님들이 「완성한 지혜」(반야바라밀다)에 의하여 얻게 되는 경지가 열반이다. 다른 표현으로 아뇩다라삼먁삼보리가 그것이다.

　아뇩다라삼먁삼보리는 범어 anuttarā-samyak-sambodhi를 음 그대로 옮긴 것으로 아뇩다라(anuttarā)는 더 이상 위가 없는 無上, 삼먁(samyak)은 거짓이 없다, 올바르다라는 뜻으로
　　　무 상
한역으로 正, 삼보리(sambodhi)는 완전히 깨닫는다는 等覺의
　　　정　　　　　　　　　　　　　　　　　　　　　　　　등 각
뜻으로 無上正等覺이 된다.
　　　무 상 정 등 각

　무상정등각은 무상의 바른 깨달음이다. 이것은 첫째로 순간적 깨달음이 아닌 영속적인 깨달음이어야 하고, 다음으로 보편적 깨달음이어야 한다. 일정한 조건하에 성립하고, 조건이 없으면 성립하지 않는 것이 아니다. 죽어야 열반에 들어간다고 하면, 죽기 전에는 열반에 들 수 없게 되고, 생전에 열반의 경지에 들어갔다 해도 그것은 진정한 寂靜이 아니며,
　　　　　　　　　　　　　　　　　　　　　　　　　적 정
아직도 생의 여력이 남아 있다고 보지 않으면 안 된다.

　死에 의한 열반을 灰身滅智(몸은 재가 되고, 智도 없어진다.)
　사　　　　　　　회 신 멸 지　　　　　　　　　　　지
로 보는 한 생전의 열반은 불완전한 것이 될 수밖에 없다.

　소승불교의 열반을 有余依涅槃(업의 여력을 남긴 열반)이라
　　　　　　　　　　　유 여 의 열 반

고 판단한 대승불교의 판정이 이것이다.

이것이 없어진 것이 완전한 열반, 즉 無余依涅槃이며 부처
무 여 의 열 반
님이 보리수 아래에서 人法二空을 깨달은 다음 그대로 교화
인 법 이 공
를 끝내고 입멸한 경지인 것이다. 그러나 대승불교에서는
부처님의 입멸만 가지고 '佛의 경지'라고 하지는 않는다.
불
부처님은 '생사에 머무르지 않고 열반에도 머무르지 않는'
어디서나 이상을 현실화시키려는 부단한 精進, 無住處涅槃
정 진 무 주 처 열 반
의 정진을 거듭한다.

부처님은 불생불멸이다. 佛이란 어떤 특수한 대상을 부르
불
는 말이 아니고, 우리 마음속에 있는 '진실을 희구하는 마
음'이 곧 佛이다. 열반이라고 말할 수 있다. 우리 마음속의
불
본성은 청정하며, 그것이 열반의 當體이다.
당 체

三世諸佛
삼　세　제　불

三世諸佛　三世諸佛

三世諸佛　三世諸佛

依般若波羅密多故
의　반　야　바　라　밀　다　고

依般若波羅密多故

依般若波羅密多故

依般若波羅密多故

依般若波羅密多故

依般若波羅密多故

得
득

得　得　得　得　得　得

阿耨多羅三藐三菩提
아　녹　다　라　삼　막　삼　보　리

阿耨多羅三藐三菩提

阿耨多羅三藐三菩提

阿耨多羅三藐三菩提

阿耨多羅三藐三菩提

阿耨多羅三藐三菩提

阿耨多羅三藐三菩提

제 10 장

진실하고 헛된 것이 아닌 呪
주

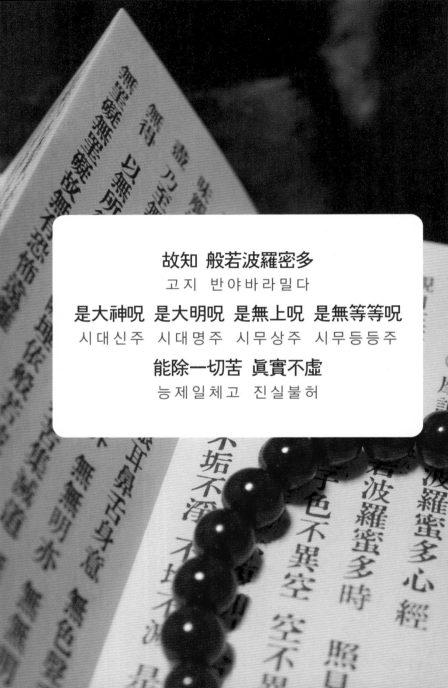

故知　般若波羅密多
고지　반야바라밀다

是大神呪　是大明呪　是無上呪　是無等等呪
시대신주　시대명주　시무상주　시무등등주

能除一切苦　眞實不虛
능제일체고　진실불허

그러므로 알아야 한다. 반야바라밀다는 大神呪(위대하고 참된 주문)이고, 大明呪(밝은 주문)이며, 無上呪(더 이상 없는 주문)이고, 無等等呪(비할 바 없는 주문)이다. 모든 괴로움을 제거하며 모든 소원을 성취하는 힘을 가진 주문으로서 진실하고 헛된 것이 아니다.

이 문장에서의 呪는 呪術을 말하는 것이 아니고 眞言을 말한다. 범어로 만트라(māntra)인데, 사고하다(mān)에 용구(tra)를 더한 것으로 깨닫도록 하는 것이란 의미이다. 惡法을 차단하고 선을 지키는 秘密語라는 의미도 있다. 또, 多羅尼(dhāraṇī)라고 음역하기도 하는데, 이것은 "유지한다, 보유한다"는 뜻이다.

4개의 呪

반야심경에 나오는 呪는 4종이다.

첫째, 대신주(mahā-māntra)이다. 원어가 大呪였던 것을 중국에서 번역할 때 神을 첨가한 것이다. 반야바라밀다가 크게 신묘한 주문이라는 것은 결국 아뇩다라삼먁삼보리를 얻게 하기 때문이다.

둘째, 대명주(mahā-vidyā-mantra)이다. 반야의 혜광이 우리의 無知(無明)를 비추어 없앤다는 데에서 붙여졌다. 즉, 무명 중생의 어두움을 밝혀주는 것이 바로 반야바라밀다인 것이다. 여기서 明은 밝다는 뜻 외에도 지혜, 깨달음의 의미도 있다. 따라서 대명주를 '커다란 깨달음의 주문'으로 해석할 수도 있다.

셋째, 무상주(anuttarā-mantra)이다. 반야의 威德은 다른 어떤 것과도 비교될 수 없다는 데에서 붙여진 것이다.

마지막이 무등등주(asamasama-mantra)인데, 이것은 더 이상 비교할 것이 없다는 것이다. 聲聞, 緣覺, 菩薩이라는 三乘의 가르침과 비교해서 반야의 가르침이 우수하다는 것을 가리킨 것이다.

이와 같이 반야바라밀다는 일반적인 언어로는 나타낼 수 없는 최고의 것이기 때문에 주문으로 나타낸 것이다.

能除一切苦 眞實不虛
능 제 일 체 고 　 진 실 불 허

呪(진언)의 본체는 진실하고 헛되지 않다. 이 진실은 현실을 떠난 진리가 아니고 현실 속의 진리이다. 이 진실의 작용이 진실 그 자체를 분명히 하고 진실이 아닌 것이 초래하는 일체의 고통을 제거하게 된다. 능제일체고가 그 진실의 작용이다.

이상의 사실을 근거로 여기서는 "반야바라밀의 주문은 진실하고 헛되지 않아 일체의 괴로움을 없애 준다."라고 하고 있다.

그 주문이 바로 다음에 나오는 '아제아제 바라아제 바라승아제 모지사바하' 이다.

故 知
고　지

故 知　　故 知　　故 知

故 知　　故 知　　故 知

般 若 波 羅 密 多
반　야　바　라　밀　다

般 若 波 羅 密 多

般 若 波 羅 密 多

般 若 波 羅 密 多

般 若 波 羅 密 多

般 若 波 羅 密 多

是大神呪
시 대 신 주

是大神呪　　是大神呪

是大神呪　　是大神呪

是大神呪　　是大神呪

是大明呪
시 대 명 주

是大明呪　　是大明呪

是大明呪　　是大明呪

是大明呪　　是大明呪

是大明呪　　是大明呪

是無上呪

시　무　상　주

是無上呪　　是無上呪

是無上呪　　是無上呪

是無等等呪

시　무　등　등　주

是　　無　　等　　等　　呪

是　　無　　等　　等　　呪

是　　無　　等　　等　　呪

是　　無　　等　　等　　呪

是　　無　　等　　等　　呪

能 除 一 切 苦
능 제 일 체 고

能　　除　　一　　切　　苦
能　　除　　一　　切　　苦
能　　除　　一　　切　　苦
能　　除　　一　　切　　苦
能　　除　　一　　切　　苦

眞 實 不 虛
진 실 불 허

眞實不虛　　眞實不虛
眞實不虛　　眞實不虛

제**11**장

풀리는
불가사의

– 심경을 암송하자

故說 般若波羅密多呪 卽說呪曰
고설 반야바라밀다주 즉설주왈

揭諦揭諦 波羅揭諦 波羅僧揭諦 菩提娑婆訶
아제아제 바라아제 바라승아제 모지사바하

이에 반야바라밀다의 주문(진언)을 說하니, 즉 주문은 이러하다.

가야 한다. 가야 한다. 彼岸(열반에 달하는 심경)으로 가야 한다. 피안으로 완전히 가야 한다. 깨달음에 행복이 있기를!

'아제아제 …' 는 반야심경의 핵심 부분이다. 현장 스님은 '아제아제 …' 에 해당하는 적당한 중국어가 없기 때문에 부득이 원어 그대로 두었거나, 이 말이 갖는 다양하고 깊은 뜻 때문에 원어의 매력을 살려 그대로 음역했을 것이라고 추측되고 있다.

이 부분을 원어로 읽으면 「아제아제 바라아제 바라승아제 모지사바하」가 된다. 아제는 '가자' 의 뜻, 바라아제는 '집착을 버리고 피안의 세계로 가는 것' 이고, 그 다음은 '자타가 함께 깨달음을 원만하게 성취하자' 로 이어진다. 즉, "가세 가세 피안의 세계로 가세. 피안의 세계에 완전히 도달했을 때 깨달음이 있다."가 된다.

이 眞言은 다양한 말로 번역할 수 있지만 딱 맞는 결정적인 번역은 하기가 어렵다. 이 진언은 본문의 내용을 총괄적으로, 신비적으로 표출하는 것으로 古來로 번역하지 않고 남겨 두고 있다.

여기서는 참고로 그중 한 가지를 번역한 것이며, 원문은 가테 가테 파라가테 파라삼가테 보디 스바하(gate gate pāragate pārasaṃgate bodhi svāhā)이다.

사바하는 소원 성취를 빌며 呪의 최후에 독송하는 비어이다. 반야심경을 독송할 때는 번역한 주문을 사용하지 않는다.

故 說
고   설

故 說　　故 說　　故 說
故 說　　故 說　　故 說

般 若 波 羅 密 多 呪
반 야 바 라 밀 다 주

般 若 波 羅 密 多 呪
般 若 波 羅 密 多 呪
般 若 波 羅 密 多 呪
般 若 波 羅 密 多 呪
般 若 波 羅 密 多 呪

卽說呪曰

즉　설　주　왈

卽說呪曰　　卽說呪曰

卽說呪曰　　卽說呪曰

羯諦羯諦波羅羯諦

아　제　아　제　바　라　아　제

羯諦羯諦波羅羯諦

羯諦羯諦波羅羯諦

羯諦羯諦波羅羯諦

羯諦羯諦波羅羯諦

羯諦羯諦波羅羯諦

波 羅 僧 羯 諦
바 라 승 아 제

波 羅 僧 羯 諦

波 羅 僧 羯 諦

波 羅 僧 羯 諦

菩 提 娑 婆 訶
모 지 사 바 하

菩 提 娑 婆 訶

菩 提 娑 婆 訶

菩 提 娑 婆 訶

菩 提 娑 婆 訶

경구 및
관련
용어 해설

観自在菩薩　行

般若波羅蜜多時　照見

空　度一切苦厄

即是空　空即是色

諸法空相　不生不滅　不垢不淨

般若波羅蜜多心經

色不異空　空不異

無眼界乃至無意識界

無眼耳鼻舌身意

乃至無老死　亦無老死盡

無得　以無所得故

1. 摩訶(mahā)
마 하

크다(大), 많다(多), 이기다(勝)의 뜻이 있다. 위대하다, 훌륭
대   다   승
하다는 뜻도 있다. 고래로 번역하지 않고 독송한다.

2. 般若(prajñā, paññā)
반 야

범어 원어인 프라주냐(prajñā)를 한자로 옮긴 것이다. 지혜
를 말하며, 인간이 참다운 생명에 눈떴을 때 나타나는 근원
적인 叡智이며, 보통 말하는 판단 능력인 分別智와는 구분
예 지   분 별 지
된다.

3. 波羅蜜多(pāramitā)
바 라 밀 다

범어 원어인 파라미타(pāramitā)를 음역한 것이다. 뜻에 대
해서는 여러 가지 의견이 있는데, 대표적인 것은 '피안(pāram)
에+도달한다(itā)'는 설과, '완전히 도달한다'는 설 두 가지
가 있다. 이것은 지혜의 완성을 뜻하며, 고통과 번뇌에서 해
탈하여 열반의 세계에 도달하게 되는 것을 말한다.

4. 般若波羅蜜多心經
반 야 바 라 밀 다 심 경

범어로 된 원전에 이러한 제명이 처음부터 붙어 있던 것은
아니다. 원전에는 끝에 프라주냐파라미타 흐리다얌 사마프

탐(prajñāpāramitā-hṛdayaṃ samāptam), 즉 지혜 완성의 眞言(마음)을 끝마치다'라고 되어 있던 것을 한역할 때 첫머리에 가져다 놓고 제명으로 한 것이다.

5. 觀自在(Avalokiteśvara)

관(avalokita)＋자재(iśvara)의 합성어. 관자재란 중생이 觀하는 대상이 되고, 중생을 관하여 구제하는 것이 자유자재하다는 것을 가리키며, 근원적 예지를 체득한 자의 기능이라고 이해되고 있다.

관자재는 특별한 인격이 아닌 모든 사람이 가지고 있는 기능이며, 아집을 버리고 많은 사람들 속에서 살아가려고 할 때 빛을 내는 것이다.

6. 菩薩(Bodhisattva)

구도자. 원래는 석가세존을 가리켜 사용되었지만, 대승불교 시대에 모든 인간은 부처가 될 수 있다고 믿어 깨달음을 구하려고 노력하는 구도자 모두를 가리키는 말이 되었다.

7. 深(gambhira)

반야바라밀다가 반야경에서 說하는 육바라밀(布施·持戒·

忍辱·精進·禪定·智慧)의 하나로서의 지혜바라밀다가 아니
고, 그 모두를 포함하는 것임을 명시하기 위한 것이라고 해
석되고 있다.

8. 五蘊(pañca shandha)

다섯 개의 모임. 色(물질적 현상)과 受想行識(정신 작용)의
다섯에 의하여 일체의 존재가 구성되어 있다는 고대 인도
불교도의 생각.

9. 舍利子(Śāriputra)

석가세존의 제자 중 하나. 지혜가 제일 뛰어나 지혜 제일
이라 불렸다.

10. 色(rūpa)

루파(rūpa)는 형체가 있는 것, 깨지는 것, 변화하는 것을
의미한다. 물질적 현상으로 존재하는 모든 것이 루파(rūpa)
이다.

모든 인간은 인연이 다하면 생로병사 또는 生住異滅의 무
상을 거쳐서 공의 상태로 되돌아간다. 그래서 모든 존재(色)
의 본질은 空이라고 주장한다.

11. 空(śūnya)

아무것도 없다는 뜻이다. 물질적 현상은 상호 관계를 유지하면서 변화하는 것이므로 현상은 있어도 실체로서, 주체로서 自性으로서 포착할 수 있는 것은 없다. 이것이 공이다. 그러나 물질적 현상 속에서도 이 空性을 체득하면 근원적 주체로서 살아갈 수 있다고 하는데, 이 경지가 공의 인생관, 즉 空觀의 究極이다.

불교에서 말하는 공은 허무한 것, 허공처럼 아무것도 없는 것으로 이해하면 안 된다. 또, 유무의 무와 혼동해서도 안 된다. 공은 유무와 같은 상대적인 대립이나 차별 등의 이원 개념을 텅 비우고 화합하여 대립이나 차별심을 해소하는 힘을 발휘한다.

12. 물질적 현상(色)과 실체가 없는 것(空)과의 관계

현장 스님은 「色不異空 空不異色」, 「色卽是空 空卽是色」처럼 二段으로 설명하고 있지만, 인도의 沙門法月이 738년에 譯出한 반야바라밀다심경에는 三段으로 설명되어 있다. 즉 「色性是空 空性是色」, 「색불이공 공불이색」, 「색즉시공 공즉시색」처럼 분명하게 삼단으로 설명하고 있다. 또, 당나라의 沙門智慧輪이 859년에 역출한 반야바라밀다심경에도

「色空空性是色」, 「색불이공 공불이색」, 「색즉시공 공즉시
색」처럼 삼단으로 설명되어 있다.

따라서 원문은 삼단으로 되어 있는 것을 현장 스님이 고의
로 이단으로 생략했다고 볼 수 있다. 이 삼단은 같은 말을
되풀이한 것이라는 의견도 있고, 삼단에 각각 의미가 있다
는 의견도 있다.

(1) 色性是空 空性是色
색 성 시 공 공 성 시 색
이것은 삼단의 제1단이다. 지혜륜이 역출한 것을 보면 「色
색
空空性是色」이다. 이 단은 나가르주나(Nagarjuna)가 「緣起即
공 공 성 시 색   연 기 즉
空, 即假, 即中」이라고 한 것의 即空에 해당한다.
공   즉 가   즉 중   즉 공
물질적 존재를 우리는 현상으로 보지만 현상은 무수한 원
인과 조건에 의해 시시각각 변화하며 변화하지 않는 실체란
있을 수 없다. 또한, 시시각각 변화하기 때문에 현상으로 나
타나며 그것을 존재로서 포착할 수 있는 것이다.

(2) 色不異空 空不異色
색 불 이 공 공 불 이 색
이것은 제2단이며, 나가르주나가 말한 即假, 천태대사의
즉 가
仮諦에 해당한다. 제2단은 제1단의 사상적 표현이다. 우리는
가 제
실체가 없다는 혼돈된 主客未分의 세계를 唯一한 것, 全一한
주 객 미 분   유 일   전 일

것, 一卽一切一切卽인 것으로 실감하고 포착해야 한다.
　　일 즉 일 체 일 체 즉

　현상을 포착함으로써 일체가 원인과 조건에 따라 상호 관
계하면서 움직인다는 緣起의 세계를 체득해야 한다. 가령
　　　　　　　　　　연 기
'나'라는 현상을 움직이지 않는 존재로 가정하고 다른 것과
의 관계를 볼 때, 나라는 현상이 항상 내가 아닌 다른 것들
에 의해 규제되고 현재의 나와 다른 나, 내가 아닌 나로 되
어 간다고 이해하면 된다.

　이론적으로 말하면, 일체가 끊임없이 자신과 대립하고 자
신을 부정하는 것들에 의해 한정되는 관계에 있게 되고, 한
정받음으로써 자기를 긍정해가는 결과를 가져온다는 것을
이해하게 된다. 이것이 제2단이 갖는 뜻이다.

　(3) 色卽是空 空卽是色
　　　색 즉 시 공 공 즉 시 색
　이것은 제3단이며, 나가르주나가 말한 卽中, 천태대사의
　　　　　　　　　　　　　　　　　　　　　즉 중
中諦에 해당한다. 이 단은 제1, 제2단을 체험적으로 포착한
중 제
세계이다. 말은 전단과 같지만 체험적으로 실감상 포착한
세계이므로 제2단과는 많은 거리가 있다.

13. 不生不滅
　　　불 생 불 멸
　존재하는 모든 것은 근원적으로 공이며, 생하지도 않고 멸

하지도 않는다는 뜻이다. 또, "불생불멸은 존재하는 모든 것에는 실체가 없다는 특성이 있다."고 말하고 있다. 실체가 없다는 것은 상관적이며, 생을 떠난 멸이 없고 멸을 떠난 생은 없다는 해석도 성립된다.

14. 不垢不淨
불 구 부 정

존재하는 모든 것은 본래 더럽다거나 청정하다고 말할 수 없다는 뜻이다. 최고의 경지를 청정무구라고 말하는 것은 인도 고래의 습관이다. 이 경우에도 불생불멸과 같이 오염을 떠난 청정은 없고 청정을 떠난 오염은 없다고 해석할 수 있다.

15. 不增不減
부 증 불 감

존재하는 모든 것은 증가하지도 않고 감소하지도 않는다. 나를 포함한 일체의 존재를 혼돈된 主客未分의 하나인 세계
주 객 미 분
로 포착하면 증하지도 않고 감하지도 않는다.

16. 十八界(육근, 육경, 육식)
십 팔 계
(1) 眼根 : 모양이나 빛깔을 보는 시각 기관인 눈.
안 근
(2) 耳根 : 소리를 듣는 청각 기관인 귀.
이 근

(3) 鼻根 : 향기를 맡는 후각 기관인 코.
_{비 근}

(4) 舌根 : 맛을 느끼는 미각 기관인 혀.
_{설 근}

(5) 身根 : 추위나 아픔 등을 느끼는 촉각 기관인 몸.
_{신 근}

(6) 意根 : 의식 기능.
_{의 근}

(7) 色境 : 눈으로 볼 수 있는 대상인 모양이나 빛깔.
_{색 경}

(8) 聲境 : 귀로 들을 수 있는 대상인 소리.
_{성 경}

(9) 香境 : 코로 맡을 수 있는 대상인 향기.
_{향 경}

(10) 味境 : 혀로 느낄 수 있는 대상인 맛.
_{미 경}

(11) 觸境 : 몸으로 느낄 수 있는 대상인 촉감 등.
_{촉 경}

(12) 法境 : 의식 내용. 관념.
_{법 경}

(13) 眼識 : 시각 기관(眼)으로 시각 대상(色)을 식별하는 마음 작용.
_{안 식} _안 _색

(14) 耳識 : 청각 기관(耳)으로 청각 대상(聲)을 식별하는 마음 작용.
_{이 식} _이 _성

(15) 鼻識 : 후각 기관(鼻)으로 후각 대상(香)을 식별하는 마음 작용.
_{비 식} _비 _향

(16) 舌識 : 미각 기관(舌)으로 미각 대상(味)을 식별하는 마음 작용.
_{설 식} _설 _미

(17) 身識 : 촉각 기관(身)으로 촉각 대상(觸)을 식별하는 마음 작용.
_{신 식} _신 _촉

(18) 意識 : 의식 기능(意)으로 의식 내용(法)을 식별·인식
　　　의 식
하는 마음 작용.

17. 十二因緣과 四諦
　　　십 이 인 연　　사 제
　십이인연과 사제는 근본불교의 기초이다. 이를 통해 불교
의 인생관을 단적으로 알 수 있다. 십이인연을 도시하면 다
음과 같다.

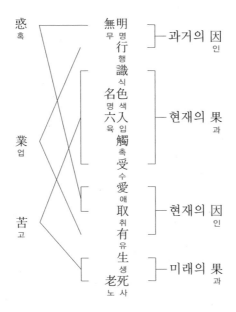

　四諦와 십이인연의 관계는 둘이 하나가 되는 것과 같다.
　사 제
苦, 集의 二諦는 괴로움이 생기는 과정이므로 십이인연의
고　집　이 제

順觀(유전연기)에 해당하고, 滅, 道의 이제는 괴로움이 소멸
하는 과정이므로 십이인연의 逆觀(환멸연기)에 해당한다.

18. 心無罣碍

　마음에 걸림이 없다는 뜻. 罣는 거리끼다라는 뜻이고 碍는
방해한다는 뜻 또는 장애의 뜻도 된다. 마음에 걸림이 없다
는 것은 생사, 선악 등의 의식에 의해 마음을 속박당하는 일
이 없다는 뜻이다.

19. 顚倒夢想

　사물을 올바르게 보지 못하고 헤매는 일.

20. 究竟涅槃

　반야의 지혜를 체득하면 궁극적으로 반드시 열반의 경지
를 이룬다는 뜻이다.

　열반(nirvana)은 일체의 번뇌에서 벗어나는 경지를 말한다.
滅, 寂滅, 円寂, 無爲, 無漏, 不死, 不滅 등으로 번역한다.
보통은 석가세존의 入滅을 열반이라고 하지만, 열반은 단순
한 육체의 사멸이 아닌 영원한 不死의 생명을 얻는 것을 말
한다.

21. 阿耨多羅三藐三菩提
아 뇩 다 라 삼 막 삼 보 리

無上正等正覺이라고 의역한다. 더 이상 없는 바르고 평등
무 상 정 등 정 각
한 깨달음, 즉 완전한 깨달음이며, 부처님의 깨달음을 가리
킨다.

22. 小乘佛教
소 승 불 교

소승불교는 수행자 자신의 모습을 살펴 각자의 정신세계
에만 몰입하고 사회와는 분리된 엄격한 수행을 강조하고 그
를 통해 얻을 수 있는 개인 해탈을 강조한다.

소승이라는 말은 대승불교에서 일방적으로 붙인 이름이
다. 대승불교도들은 기존의 보수적 성격을 지닌 불교를 비
판하면서 자신들이 진리 추구나 중생구제를 목적으로 하는
노력들이 기존의 불교보다 우월하다고 보고 기존 불교계를
폄하하는 의미에서 소승이라는 말을 사용하였다.

전문을 써 봅시다

摩訶般若波羅蜜多心經
觀自在菩薩 行深般若
波羅蜜多時 照見五蘊
皆空 度一切苦厄 舍利
子 色不異空 空不異色
色卽是空 空卽是色 受
想行識 亦復如是 舍利
子 是諸法空相 不生不
滅 不垢不淨 不增不減

是故 空中無色 無受想

行識 無眼耳鼻舌身意

無色聲香味觸法 無眼

界 乃至無意識界 無無

明 亦無無明盡 乃至無

老死 亦無老死盡 無苦

集滅道 無智亦無得 以

無所得故 菩提薩埵 依

般若波羅密多故 心無

전문을 써 봅시다

罣碍 無罣碍故 無有恐

怖 遠離顚倒夢想 究竟

涅槃 三世諸佛 依般若

波羅密多故 得阿耨多

羅三藐三菩提 故知 般

若波羅密多 是大神呪

是大明呪 是無上呪 是

無等等呪 能除一切苦

眞實不虛 故說 般若波

전문을 써 봅시다

羅密多呪 卽說呪曰 羯

諦羯諦 波羅羯諦 波羅

僧羯諦 菩提娑婆訶

인용 및 참고 문헌

1. 반야심경. 정성본. 한국선문화연구원. 2008.
2. 왕초보 반야심경 박사되다. 김명우. 민족사. 2012.
3. 동아세계대백과사전. 동아출판사. 1992.
4. 般若心經. 金剛般若經. 中村元・紀野一義. 岩波文庫. 1979.
5. 百歲で説く般若心經. 松原泰道. 株式會社アートデイズ. 2006.
6. 般若心經講義. 高神覺界. 角川書店. 昭和59.

풀이로 읽고 쓰는
반야심경

초판 인쇄 2015년 3월 20일
초판 발행 2015년 3월 30일
편 저 자 곽 상 만
발 행 인 양 진 오
발 행 처 ㈜교학사
주   소 서울특별시 마포구 마포대로 14길 4
전   화 편집 (02)707-5344   영업 (02)707-5147
팩   스 (02)707-5346
등   록 1962년 6월 26일
홈 페 이 지 http://www.kyohak.co.kr
ISBN   978-89-09-19816-9 03220

이 도서의 국립중앙도서관 출판시도서목록(CIP)은 서지유통지원시스템 홈페이지
(http://seoji.nl.go.kr)와 국가자료공동목록시스템(http://www.nl.go.kr/kolisnet)에서
이용하실 수 있습니다.(CIP제어번호 : CIP2015008258)